누리 과정에서 쏙쏙
자연탐구 탐구과정 즐기기 – 주변 세계와 자연에 대해 지속적으로 호기심을 가진다.
　　　　　　자연과 더불어 살기 – 생명과 자연환경을 소중히 여긴다.

초등 과정에서 쏙쏙
통합 봄1　2. 새싹 – 나무는 나의 친구
도덕 4　6. 내가 가꾸는 아름다운 세상 – 자연과 함께하는 우리환경, 바른 생각으로 지켜요
과학 4-2　1. 식물의 생활 – 1. 식물의 생김새, 2. 식물이 사는 곳

감수 및 추천 이명근 박사(미국 존스홉킨스 대학교 교수 역임, 현재 연세대학교 보건대학원 교수)

세계 곳곳의 재난지에 뛰어들어 어린이들은 물론 도움이 필요한 사람들을 구조하며 봉사의 삶을 사는 분입니다. 알아야 더 잘할 수 있다는 믿음으로 연세대학교 보건대학원에 '국제 재난 대응 전문가 과정'을 개설하여 많은 재난 구조 전문가를 양성하고 있습니다. 국제 NGO인 '머시코'(Mercy Corp.)와 UNDP(유엔경제개발계획)에서 활동하기도 했습니다. 지금은 재난 구호의 필요성을 알리고, 아시아와 아프리카의 개발을 위해 '코이카'(KOICA, 한국국제협력단)와 국제 개발 기관인 '글로벌 투게더' 등과 함께 봉사에 앞장서고 있습니다.

글 조한나

초등학교 시절 어느 겨울 방학, 콧등까지 이불을 덮고 부모님이 사 주신 전집을 한권 한권 읽으며 이야기에 빠져들기 시작했습니다. 그렇게 허클베리 핀의 모험을 따라, 키다리 아저씨 주디의 일기를 흉내 내며 어느덧 동화를 쓰는 작가가 되었습니다. 대학에서는 희곡을 공부하였고 오랫동안 방송 작가로 활동하였습니다. 현재는 출판사에 근무하고 있으며, 기획 · 편집을 하고 있습니다.

그림 전해숙

세종대학교에서 애니메이션을 공부하였습니다. 지은 책으로는 〈엘리베이터야 미안해〉, 〈사계절〉, 〈논술과 함께하는 한국 단편 10〉, 〈행복한 일기쓰기 365〉 외에도 다수의 출판사 교재 및 사보 작업을 해 왔습니다.

식물 | 나무
16. 산에는 그루가 살아요

글 조한나 | **그림** 전해숙
펴낸곳 스마일 북스 | **펴낸이** 이행순 | **제작 상무** 장종남
대표 조주연 | **주소** 서울특별시 종로구 사직로8길 20, 103호
출판등록 제2013 - 000070호 **홈페이지** www.smilebooks.co.kr
전화번호 1588 - 3201 **팩스** (02)747 - 3108
기획 · 편집 조주연 김민정 김인숙 | **디자인** 김수정 정수하
사진 제공 및 대여 셔터스톡 연합뉴스 프리픽

이 책의 모든 글과 그림 등의 저작권은 스마일 북스에 있습니다.
본사의 허락 없이 이 책에 실린 내용의 일부 또는 전체를 어떤 형태로든지 변조하거나 무단 복제하는 것은 법으로 금지되어 있습니다.

⚠ 책을 집어던지면 다칠 수 있으니 조심하십시오. 잘못 만들어진 책은 바꾸어 드립니다.

산에는 그루가 살아요

글 조한나 | 그림 전해숙

내 이름은 한그루.
나무처럼 건강하고, 나무처럼 좋은 일을 하는 사람이 되라고
할머니께서 지어 주신 이름이지.

나무가 뭐예요?
나무는 대개 갈색의 단단한 굵은 줄기를 가지고 있고, 추운 겨울도 거뜬히 이겨 내며, 여러 해 동안 자라는 식물이에요.

오늘도 할머니께서 나무 이야기를 들려주셨어.
"나무는 저마다 생김새가 다 달라.
크기도, 잎 모양도, 심지어 냄새도 다르단다."

잣나무
사계절 내내 늘 푸르고 뾰족뾰족한 잎을 가진 나무예요.

열매는 '잣송이'라고 불러요.
이 안에 씨가 들어 있는데,
그것이 바로 '잣'이에요.

잣나무는 잎이 뾰족뾰족하고,
단단한 잣이 열리는 나무야.

시원 달콤 배, 말랑말랑 감, 아삭아삭 사과.
언덕 위에는 내가 좋아하는 **과일나무**가 많아.
"그루야, 나무는 맛있는 열매만 주는 게 아니란다."
나는 사과를 먹으며 할머니의 말씀을 들었어.

과일나무가 뭐예요?
나무에도 꽃이 피어요. 꽃이 지고 나면 그 자리에는 열매가 열리지요. 나무의 열매 중에서 사람들이 즐겨 먹는 것을 '과일'이라고 해요. 과일이 열리는 나무가 과일나무예요.

"저 나무를 보렴. 제 몸을 아낌없이 내주고 있잖니."
정말 나무는 구석구석 자리를 내어 작은 동물의 **둥지**나 **집**이 되고,
넉넉하게 가지를 뻗어 시원한 **그늘**을 만들어 주고 있어.

🍎 **나무는 동물에게 무엇을 주나요?**
나무 타기를 좋아하는 다람쥐에게 나무는 최고의 놀이터예요. 오색딱따구리는 나무껍질에 낸 구멍에서 애벌레를 쪼아 먹기도 하고, 썩은 나무에 큰 구멍을 뚫어 둥지를 틀기도 하지요. 그 밖에도 많은 곤충이 나무에 살아요.

"할머니, 그런데 왜 고마운 나무를 잘라 내요?"
"우리에게 필요한 여러 가지 물건을
나무로 만들 수 있기 때문이지."
나는 나무에게 미안한 생각이 들었어.

나는 주위를 이리저리 살펴보았어.
나무가 무엇이 되는 걸까?

"우리가 앉아 있는 의자도, 공책이랑 연필도, 스케치북도 나무로 만들어진 물건이란다."
할머니께서 빙그레 웃으며 말씀하셨어.

나무가 어떻게 종이가 되나요?
나무에는 종이를 만들 수 있는 물질이 들어 있어요. 나무를 잘게 잘라서 갈거나 쪄서 표백 처리를 하면 끈적한 '펄프'가 만들어져요. 이 펄프를 틀의 크기에 맞게 담아 말리면 종이가 되지요.

나무는 정말 대단해.
요런조런 멋진 **가구**도 되고,
상자나 **책**도 될 수도 있어.

따뜻하고 편안하게 쉴 수 있는 **집**도 되잖아.
나무야, 정말 고마워.

나무는 어떻게 공기를 깨끗하게 해 주나요?
도시는 자동차 매연, 먼지 등으로 공기가 매우 나빠요. 나무는 이런 나쁜 공기를 빨아들이고 좋은 공기인 산소를 만들어요. 도시에 나무를 많이 심으면 공기가 맑고 깨끗해진답니다.

나무는 용감하기도 해.
시내 한복판에 우뚝 서서
자동차들이 내뿜는 나쁜 공기를 다 마시고,
맑고 깨끗한 공기로 되돌려 주잖아.

"그루야, 나무를 아껴 줄 수 있는 방법이 있단다."
종이를 아껴 쓰고, 한 번 사용한 종이는 다시 모아 *재활용하고,
나무를 베어 낸 자리에 다시 나무를 심으면 된대.
정말, 다행이야.

재활용 못 쓰게 되어 버린 물건을 새로운 물건으로 다시 만들어 쓰는 것이에요.

내 이름은 한그루.
할머니랑 산에서 함께 사는 게 더욱더 좋아졌어.
나무를 늘 보살피고 사랑해 줄 수 있으니까 말이야.

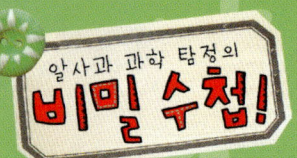

아낌없이 주는 나무

주변에서 쉽게 볼 수 있는 나무들은 우리에게 아주 많은 도움을 주는 식물이에요. **나무의 여러 가지 쓰임새**만 보아도 나무가 얼마나 고마운 식물인지 알 수 있답니다.

나무는 맛있는 열매를 주어요

사과나무는 우리에게 사과를 주고, 귤나무는 귤을 주어요. 상수리나무에서는 도토리가 열리지요. 밤이나 호두처럼 딱딱한 열매가 열리는 나무도 있어요.

호두나무의 열매 안에 든 씨가 바로 호두예요.

나무는 공기를 깨끗하게 만들어 주어요

나무는 잎으로 더러운 공기를 빨아들여요. 그리고 깨끗한 공기로 만들어 다시 내보내요. 그래서 나무가 많은 숲속의 공기는 아주 상쾌하지요.

잎이 넓은 나무가 더러운 공기를 더 많이 빨아들여요.

🍎 나무로 물건을 만들어요

집 안을 살펴보면, 책상, 식탁, 의자, 서랍장, 연필, 장난감 등등 나무로 만들어진 것들이 무척 많아요. 나무는 우리 생활에서 절대 떼어 놓을 수 없답니다.

나무로 다양한 가구를 만들어요.

🍎 나무는 동물의 보금자리예요

나무는 여러 동물을 위해 먹을 것과 숨을 장소를 마련해 주어요. 새들은 나뭇가지에 둥지를 틀고, 벌레를 쪼아 먹으며 살아요. 다람쥐는 나무를 부지런히 오르내리며 열매를 따 먹는답니다.

나뭇가지에 황새가 둥지를 지었어요.

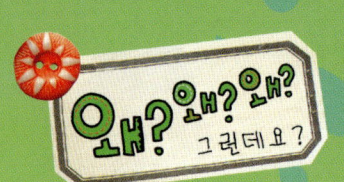

나무에 대한 요런조런 호기심!

나무도 아픔을 느끼나요?

나뭇가지를 꺾거나, 나무를 베어 내거나, 큰 소리를 내면, 나무가 아파하고 괴로워한다는 연구 결과가 있어. 나무는 사람이 느끼지 못하는 어떤 기운을 내뿜고 있는데, 나무를 베어 내거나 나무 앞에서 욕하고 짜증 내면 나무가 뿜어내는 기운이 달라진다고 해. 그러니 나무를 사랑하고 아끼는 마음을 전해 주면 나무도 우리에게 맑은 공기를 잘 만들어 준단다.

나무를 베어 내는 시끄러운 소리에도 나무는 사람이 느끼지 못하는 나쁜 기운을 뿜어낸다고 해요.

나무도 잠을 자나요?

사람과 동물이 자는 잠하고는 조금 다르지만, 나무도 밤마다 잠을 잔단다. 밤에는 햇빛이 없기 때문에 잎이 영양분을 만들 수 없으니까 조용히 쉬는 거야. 그리고 겨울잠을 자는 동물처럼 겨울이 되면 잎을 떨어뜨리고 긴 겨울잠에 빠져드는 나무도 있단다.

나무도 우리처럼 밤에 잠을 자요.

나무의 나이는 어떻게 알 수 있나요?

나무의 굵은 밑동을 가로로 잘라 보면, 둥근 원 모양을 볼 수 있어. 이것을 '나이테'라고 해. 나무는 봄이나 여름에 잘 자라고, 가을과 겨울에는 거의 자라지 않아. 계절에 따라 자라는 속도가 다르기 때문에, 원의 색깔이나 형태를 보면 봄과 여름에 자란 부분과, 가을과 겨울에 자란 부분을 구별할 수 있어. 이 원의 개수를 세면, 나무의 나이를 알 수 있단다.

나이테는 1년에 하나씩 생겨요.

넓은 잎 나무와 가는 잎 나무는 어떻게 달라요?

나무에는 활엽수와 침엽수가 있어. 넓고 평평한 잎을 가진 나무를 '활엽수'라고 해. 바늘처럼 뾰족뾰족하고 가는 잎을 가진 나무를 '침엽수'라고 하지. 갈참나무와 같은 활엽수는 가을이 되면 단풍이 들고, 날씨가 추워지면 잎이 떨어져. 하지만 소나무, 잣나무와 같은 침엽수는 사계절 내내 잎이 푸르단다.

갈참나무 잎이 넓고 평평한 활엽수예요.
주로 햇빛이 내리쬐는 따뜻한 곳에서 잘 자라요.

소나무 잎이 뾰족뾰족하고 가는 침엽수예요.
추운 곳에서도 잘 자라요.

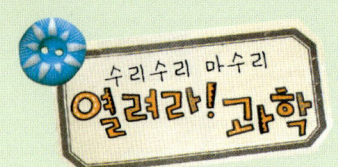 

대나무는 나무가 아니라고요?

대나무는 줄기가 곧고, 쭉쭉 키가 크게 자라요. 꼭 나무처럼 보이지요.
그런데 대나무는 나무가 아니라 풀이에요. 벼와 같은 과에 속하는
여러해살이풀이지요. 대나무는 줄기의 속이 텅 비어 있고, 나이테도 없어요.

대나무는 위로 곧게 자라고, 줄기에 **마디**가 있어요.

줄기를 자르면, 속이 텅 비어 있어요.

대나무로 만든 **단소**예요. 우리나라 전통 악기이지요. 단소를 불면 대나무 관을 통해 맑은 소리가 나온답니다.

대나무는 물기가 많은 땅에서 쑥쑥 잘 자라요. 땅속에서 돋아나는 **어린싹**이 점점 자라면서 마디가 생겨요.

신문지로 나무 그리기

신문지를 구겨서 물감을 찍어 그림을 그려 보아요.

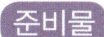 도화지, 물감, 신문지, 크레파스

도화지에 크레파스로 나무줄기와 가지를 그려요.

초록색, 노란색, 빨간색 물감 등을 준비해요.

신문지를 적당한 크기로 구겨서 물감을 묻혀요.

물감이 묻은 신문지로 찍으며 나뭇잎을 표현해 보세요.

 **엄마, 아빠에게**

아이의 눈에 보이는 나무의 모습을 있는 그대로 표현하게 한 후, 왜 그렇게 표현했는지 아이와 함께 대화를 나눠 보세요.